Elie PEYRON

BAZAINE DEVANT SES JUGES

(Etude ornée d'un portrait récent du fils de l'ex-maréchal et contenant des lettres inédites de Bazaine à son jeune fils)

(Devant ses juges) *Bazaine ne s'est pas défendu. Était-il vraiment coupable ?*

Maréchal de Mac-Mahon.

Ce n'est pas parce qu'une matière est difficile qu'il faut hésiter à l'aborder.

Marcel Sembat.

P.-V. STOCK, éditeur

ANCIENNE LIBRAIRIE TRESSE ET STOCK

155, rue Saint-Honoré, 155

(devant le Théâtre Français)

PARIS Ier

1912

P.-V. STOCK, éditeur, Paris

DU MÊME AUTEUR :

Un Patriote : Rossel. — Benoît-Malon. — M. Thiers en 1871

L'Affaire Bazaine :

Bazaine fut-il un traitre ?................ 2 fr.
Le cas de Bazaine...................... 2 fr.
L'anathème de Gambetta................ 1 fr.
Le revirement de Bazaine.............. 2 fr.

Pour paraître prochainement

Le siège de Metz.

A LA MÊME LIBRAIRIE

Ma requête en révision, *par Alphonse Bazaine.* 2 f.

Bazaine devant ses juges

Elie PEYRON

BAZAINE DEVANT SES JUGES

(Etude ornée d'un portrait récent du fils de l'ex-maréchal et contenant des lettres inédites de Bazaine à son jeune fils)

(Devant ses juges) *Bazaine ne s'est pas défendu. Était-il vraiment coupable ?*

Maréchal de Mac-Mahon.

Ce n'est pas parce qu'une matière est difficile qu'il faut hésiter à l'aborder.

Marcel Sembat.

P.-V. STOCK, éditeur
ANCIENNE LIBRAIRIE TRESSE ET STOCK
155, rue Saint-Honoré, 155
(devant le Théâtre Français)
PARIS Ier

1912

I

M. le Maréchal de Mac-Mahon, duc de Magenta, ancien président de la République française, interrogé par un journaliste, longtemps après la condamnation du maréchal Bazaine, sur le cas de ce dernier, a prononcé cette grave parole : (Devant ses juges) « Bazaine ne s'est pas défendu (1). »

Ce qui constitue l'importance de ce propos, c'est qu'il n'est pas incompatible avec l'assertion supposée que voici : « J'ai dû déférer à un conseil de guerre mon ancien chef, parce que le juge instructeur avait conclu à son renvoi devant cette juridiction, mais je pensais qu'il serait acquitté. »

Comment M. de Mac-Mahon eût-il entendu la défense de son compagnon d'armes ? Nous ne le savons pas et nous nous garderions de le préjuger. Ce mot est ce qu'il est ; chacun de nous peut l'interpréter à sa manière.

On prétendra peut-être, — pour affaiblir la portée de cette opinion, certes, autorisée, — que lors même que Bazaine se serait défendu, il aurait été con-

(1) *Figaro* du 28 août 1891, reproduisant un article du *Gaulois*, paru sans doute la veille.

damné, tant les charges qui pesaient sur lui étaient sérieuses. C'est là une appréciation que nous ne voulons pas discuter aujourd'hui ; tel n'est pas l'objet du présent travail. Mais si c'eût été l'avis de M. le duc de Magenta, sa déclaration, rapportée plus haut, eût été vide de sens. Aussi bien a-t-il, un peu plus loin, complété et commenté sa pensée, en y attachant la signification que nous lui attribuons :

« J'avais, continue-t-il, connu Bazaine en Afrique, à Tlemcen, où il était chef de bataillon. Il commandait un bureau arabe ; c'était un bon officier, un de ceux sur lesquels on comptait. Et puis, en toute honnêteté, j'aurais été bien embarrassé ; était-il vraiment coupable ? »

Le chef de l'État, qui s'était cru obligé, le 25 juillet 1873, de traduire devant le Tribunal militaire celui qui avait été le généralissime de l'armée française, a dit, en 1891, malgré le verdict affirmatif du 10 décembre 1873 : « Etait-il vraiment coupable ? », — tandis que son prédécesseur, M. Thiers, n'avait même pas voulu —, lui, — saisir le conseil de guerre. Nous livrons ces deux circonstances aux méditations de nos lecteurs.

Si Bazaine « ne s'est pas défendu », n'a-t-il jamais eu l'intention de se défendre ? Qui douterait qu'il l'ait eue, lorsqu'on constate qu'à trois reprises différentes, ce maréchal a sollicité l'examen de sa conduite par des hommes compétents ?

L'opinion publique, mal instruite des conditions dans lesquelles s'était effectuée la capitulation de Metz, avait mis en cause le patriotisme, la loyauté du chef de l'armée. Or, quelques semaines après être arrivé à Cassel où il avait été interné comme prisonnier de guerre, le maréchal Bazaine écrivit au gouvernement de la Défense Nationale pour lui proposer de lui adresser un mémoire justificatif. Le 28 décembre 1870, l'autorité militaire prussienne lui fit remettre la réponse suivante, que Gambetta lui avait adressée de Bordeaux :

« J'ai l'honneur de vous informer que le conseil d'enquête, relatif à la capitulation de Metz, n'ayant pas lieu à l'époque indiquée du 2 janvier, vous n'avez pas à fournir de mémoire justificatif pour cette date. »

La paix signée, le maréchal Bazaine rentre à Paris, la tête haute, et s'installe dans son hôtel de l'avenue des Champs-Elysées. Il assiste à des ensevelissements de personnalités en vue, et les journaux mentionnent sa présence, dans leurs échos. Il rend visite à M. Thiers, à cette époque chef du pouvoir exécutif de la République française. Lorsque le maréchal eut rédigé son rapport sur les événements auxquels il avait été mêlé (rapport qui se trouve dans le procès Bazaine, compte-rendu in extenso des débats de Trianon, p. 136-150), il en apporta un exemplaire au chef de l'Etat. Il ne le rencontra pas et, le lendemain, reçut de lui l'aimable lettre que voici :

« Monsieur le Maréchal,

J'ai reçu votre important rapport, que je lirai avec empressement, et j'ai été fâché de ne pas être chez moi, lorsque vous l'avez apporté à l'hôtel de la Présidence. J'aurais été bien heureux de vous voir ; et Madame Thiers aurait été charmée également de revoir Madame la maréchale Bazaine.

Recevez la nouvelle assurance de ma haute considération et de ma constante amitié.

10 Mars 1872.

Versailles (*signé)* THIERS » (1)

Est-ce là l'attitude d'un homme qui se sent, qui se croit coupable ? Comment des écrivains sans parti-pris, des historiens de mérite, ont-ils pu comparer Bazaine à Dumouriez ? Celui-ci, après sa criminelle conduite, est-il jamais retourné ostensiblement à Paris ? A-t-il jamais, comme Bazaine, protesté de son innocence ?

En 1871, parut l'ouvrage : *Metz, campagne et négociations,* dont l'auteur, malgré le masque dont il s'était couvert, était, au su de tous, M. le colonel d'Andlau, qui avait appartenu à l'état-major général de l'armée du Rhin. Cet ouvrage eut un retentissement énorme, qui peut être comparé à celui qu'obtint le livre du général de Ségur sur la campagne de 1812. Le maréchal Bazaine, au lieu de fuir, au lieu de se terrer, relève le gant et publie, chez l'éditeur Henri Plon, à Paris, son ouvrage : *L'Armée du Rhin*. En même temps, il

(1) Cette amitié de M. Thiers ne s'est-elle jamais démentie ? .. La politique a ses exigences et ses *nécessités*. Lorsque Thiers mourut, l'ex-maréchal Bazaine écrivit. de Madrid, le 13 septembre 1877, une lettre dont j'ai eu longtemps l'original en ma possession, où se lit cette phrase :

« J'ai perdu, dans la personne de M. Thiers, non pas un ami, mais une bonne disposition. qui aurait pu devenir utile dans un avenir plus ou moins prochain. »

Quels furent les rapports de Thiers et du maréchal Bazaine en octobre 1870, notamment ? Ou plutôt. y eut-il entre eux des communications politiques, en octobre 1870 ? Nous inclinerions à le croire.

réclame instamment sa comparution devant un conseil d'enquête. M. Thiers, engagé dans sa triste lutte contre les républicains de Paris (1), ne put lui donner satisfaction qu'après l'achèvement de la guerre civile.

Le 29 mai 1871, il montait à la tribune de l'Assemblée Nationale et s'exprimait comme suit :

« Je viens remplir un devoir que je me reprocherais de ne pas accomplir et que vous-mêmes me reprocheriez de négliger; je viens, *au nom du maréchal Bazaine*, vous demander ce que, pour ma part, je considère comme un grand acte de justice. *Depuis assez longtemps déjà, le maréchal Bazaine m'avait écrit* pour réclamer cet acte de justice... L'occasion m'en est offerte aujourd'hui; je dois la saisir, sous peine de manquer envers un personnage qui a eu l'honneur de commander — *et de commander glorieusement*, — une des plus nobles armées du pays. Le maréchal Bazaine demande formellement qu'une enquête soit ouverte pour qu'on juge les événements de Metz. »

Un conseil d'enquête est nommé, avec mandat de procéder à l'examen de *toutes* les capitulations qui avaient eu lieu en 1870-71. Ce conseil émit un blâme à l'encontre du maréchal Bazaine, comme à l'égard du général Uhrich, ancien gouverneur de Strasbourg, *comme à l'égard de plusieurs autres commandants de place*. Au lieu de se tenir coi,

(1) Nous ne retirons rien de ce que nous avons écrit contre lui, dans nos études sur la révolution ouvrière de 1871. Mais, d'autre part, nous estimons de plus en plus, au fur et à mesure que nous pénétrons dans les arcanes de cette période, que le rôle de M. Thiers, pendant la guerre franco-allemande, a été celui d'un homme de bon conseil.

comme en agit Uhrich, et d'attendre que le temps, *ce galant homme*, selon le proverbe italien, — eût accompli son œuvre d'apaisement et de lumière, le maréchal se plaignit avec amertume, dans une lettre que nous avons publiée, de ne pas avoir été *mis en présence de ses détracteurs*, et somma M. Thiers de le *traduire devant des juges qui l'écouteraient*. Ayant ainsi la main forcée, M. Thiers s'exécuta. Dans le *Journal Officiel* du 6 mai 1872, annexe n° 1115, p. 3082, on rencontre le rapport de M. le Ministre de la Guerre, qui débute comme suit :

« Messieurs, le maréchal Bazaine a écrit au Président de la République pour DEMANDER de lui donner des juges, en le faisant comparaître devant un conseil de guerre. M. le Président de la République a, sur le champ, ordonné la formation d'un conseil de guerre »... (1)

*
* *

Le fils de l'ex-maréchal Bazaine, officier de cavalerie espagnol, appartenant au corps d'occupation de Mélilla, au cours de son mémoire au gouverne-

(1) Nous avons écrit plus haut que M. Thiers n'avait pas voulu saisir le conseil de guerre. Ce n'est pas en contradiction avec la phrase de ce rapport qui s'applique à sa formation. En effet, si M. Thiers désigna un rapporteur, M. le général Séré de Rivières, pour informer sur la conduite du maréchal Bazaine, il ne voulut pas suivre ce distingué magistrat militaire dans ses conclusions défavorables. Ce qu'il savait était ignoré de M. Séré de Rivières. Le 6 mars 1873, le rapporteur déposait son travail ; le 24 mai 1873, M Thiers était renversé par l'Assemblée Nationale, sans avoir consenti à ce que le conseil de guerre fût convoqué.

ment français (1), s'est emparé, comme d'un argument qui le servait, de la phrase du maréchal de Mac-Mahon. C'était son droit, c'était son devoir. Profitons de la circonstance pour constater que ce ne fut pas un spectacle sans grandeur que cette unanimité de la presse française à louer cet officier du geste (*gestione*, a écrit la *Correspondancia Militar*) — attendu —, qu'il a fait, en remettant sur le tapis toute l'affaire de Metz. Peu à peu, l'opinion publique s'ouvrira non à l'indulgence, mais à la justice et à l'équité, en présence de la documentation nouvelle qu'aucun homme de bonne foi ne saurait ignorer. D'ores et déjà, le martyre qu'était l'existence du fils de Bazaine a cessé. Depuis sa demande en révision, celui-ci goûte des joies et des consolations qui lui furent si longtemps refusées. Dans son courrier, sous la tente, sous la pluie, sous les rafales du Moghreb, le long des lignes du Kert, au bruit des balles des terribles Riffains, ce chef de bureaux maures (il occupe une situation analogue à celle que son père a occupée jadis dans les bureaux arabes) trouve souvent des lettres d'amis inconnus, qui s'offrent, avant de mourir, à venir déposer, au cours d'une enquête éventuelle, en faveur de la mémoire de leur ancien maréchal. Je donne, en tête de ces pages, son dernier portrait, qu'il m'a envoyé, à l'occasion du jour de l'an 1912. M. Alphonse Bazaine n'a que 41 ans, étant né quelques semaines après la capitulation de Metz. Il a la beauté de l'hispano-américaine qu'était sa mère ; il possède la légendaire vaillance de son

(1) *Ma requête en révision*, par Alphonse Bazaine (chez P.-V. Stock) : deux francs.

père, avec une grâce charmante qui manquait au maréchal, — quoique celui-ci fût plein de bonté et d'une extrême, d'une excessive sensibilité (je possède, sur ce dernier point, des témoignages écrits d'un de ses anciens aides de-camp, M. Paul Moziman, de son vivant commandeur de la Légion d'honneur, qui était d'autant moins suspect de partialité qu'il était protestant fervent et foncièrement républicain. Je publierai un jour les lettres de M. Moziman).

Le fils de Bazaine est loyal, bon, simple. Sa correspondance, tracée souvent au milieu des pires dangers, est amusante et gaie, d'une bonne humeur héroïque. Le 21 janvier 1912, il m'écrivait : « Hier, nous avons eu un petit combat ; une balle est venu couper une des rênes de mon cheval. Mais j'ai toujours à l'esprit ce dicton que la balle est folle et qu'il n'y a que le destin qui tue. »

Mais ne lui demandez pas pourquoi le Maréchal ne s'est pas défendu. Il l'ignore complètement. Lorsque dernièrement nous lui fîmes part de la solution du problème qui s'était brusquement présentée à notre esprit (et encore ne lui avons-nous exposé que le point de vue politique : c'est par la lecture du présent écrit qu'il sera mis au courant de la seconde partie de notre thèse, et cette seconde partie troublera sans doute son âme catholique; nous lui en demandons pardon d'avance), lorsque, disons-nous, nous lui fîmes part de cette solution partielle, il nous répondit qu'il ne l'avait jamais envisagée et qu'elle l'avait « fortement émotionné. » Il n'a pas ajouté cependant qu'elle lui parût fantaisiste ou invraisemblable.

L'idée, qui s'est imposée à nous, comme aboutissement de très longues réflexions, ne nous ayant d'ailleurs été suggérée *par personne,* il est possible que nous errions du tout au tout. Aussi, ne pourrions-nous que rééditer ce que nous exprimions, au début de notre brochure : *Le revirement de Bazaine,* page 7, comme entrée en matière à l'exposé de notre version, également toute personnelle, sur les pourparlers politiques et diplomatiques suivis — ou subis — au quartier général du ban Saint-Martin en 1870. Après huit ans d'études continues sur le sujet, nous n'étions guère plus avancé qu'au premier jour, relativement au point spécial dont il s'agit, et l'explication à laquelle nous nous étions arrêté ne nous satisfaisait que médiocrement, lorsque, il y a peu de temps, on nous communiqua une lettre écrite en février 1874, deux mois après la condamnation du maréchal, par quelqu'un qui avait occupé une grande, une très haute situation dans notre pays. Cette lettre, que nous ne sommes malheureusement pas autorisé à publier, — a fait jaillir un éclair fulgurant, qui a illuminé la route obscure où notre investigation se traînait péniblement. Des documents et des résultats, sans liens apparents entr'eux, se sont, en un clin-d'œil, groupés devant nous, dans un ordre, une relation, une cohésion tels que nous avons cru saisir les rapports cachés qui les apparentaient. Nous croyons devoir — sans attendre la publication du livre dont le développement de ce sujet n'eût été qu'un chapitre, — publier le présent mémoire, désireux que nous sommes de permettre, à certains survivants de cette époque, de connaître notre opinion, afin que, s'ils le jugent séant, ils puissent en démontrer le néant ou en proclamer le bien-fondé.

L'objet de ce court exposé justifie sa publication anticipée. Il n'est pas indifférent à la manifestation de la vérité qu'un accusé de premier rang, dans un procès d'une telle envergure, se soit ou ne se soit pas défendu. C'est une chose d'une importance exceptionnelle qu'un « grand juge », comme l'était *en l'espèce*, le chef de l'État, — de qui dépendait, par l'intermédiaire du ministre de la guerre, choisi par lui, l'envoi ou le non envoi de Bazaine devant le conseil de guerre,— ait, 18 ans après le prononcé du verdict et trois ans après la mort du condamné, laissé tomber cette parole : « Bazaine ne s'est pas défendu. Etait-il vraiment coupable ? » Si, d'autre part, nous parvenions à pénétrer la raison profonde, douloureuse, tragique, de cette attitude de l'accusé devant ses juges, ne monterait-il pas à la conscience de quelques-uns de nos concitoyens la pensée que l'arrêt de condamnation devient virtuellement caduc, sans que l'intégrité des magistrats militaires puisse être mise en cause ? L'intégrité des juges de son père, le fils de Bazaine l'a proclamée;et il nous est agréable de pouvoir placer, sous les yeux de ceux de nos lecteurs qui ne le connaîtraient pas, ce passage de la requête en révision qui porte la signature de M. Alphonse Bazaine :

« L'accusation de trahison, portée par l'opinion publique au lendemain de la capitulation de Metz, n'a pas été retenue. Ce qui prouve à quel point les intègres magistrats qui ont examiné la cause, tant le général chargé de l'instruction, M. Séré de Rivières, — dont le rapport est si savant et si complet, — que M. le commissaire du gouvernement, dans ses conclusions écrites, et MM. les juges, — à quel point, disons-nous, ces intègres magistrats ont fait taire en eux toutes les suggestions irraisonnées pour n'écouter que « la voix de leur conscience »(1).

II

Quels sont ces faits, ces documents dont le rapprochement subit, sous l'action d'une circonstance récente, nous a donné l'intuition de la solution du problème qui va être soumise au jugement du lecteur ? Il nous faut les placer devant lui, afin qu'il puisse éprouver les mêmes impressions que nous et soit préparé à recevoir l'explication bien nouvelle, bien inattendue, bien anti-historique, qui sera fournie comme épilogue. Formuler tout de suite nos conclusions, sans les faire précéder de leurs prémisses, c'est nous exposer à ce qu'on ferme notre brochure, avant de l'avoir lue jusqu'au bout, et à perdre bénévolement la confiance dont on a bien voulu nous donner des gages précieux.

Indiquons que, parmi les pièces que nous allons citer ou rappeler (d'après nos précédents travaux) s'en trouvent deux, dont nous ne pouvons pas spécifier la pleine valeur. Nous voudrions pouvoir nommer le correspondant de l'ancien maréchal, à qui nous avons plus d'une fois fait allusion. Nous n'y sommes pas autorisé. Continuons donc à indiquer que c'était un ancien officier de l'armée du Rhin, ardent bonapartiste ; ajoutons que l'ex-impé-

(1) Ces mots entre guillemets sont extraits du recours en grâce signé par les juges du maréchal.

ratrice l'honorait d'une estime particulière et qu'elle disait familièrement de lui : « *Mon loyal*... (suivait la désignation du grade de cet ancien officier supérieur). Pour préciser encore — et nous allons jusqu'à l'extrême limite de ce qui pourrait nous être permis, dans le domaine des révélations, — nous noterons que ce correspondant de Bazaine remplit, sur la prière de l'ex-impératrice, certaines missions d'affaires, telle qu'inspection des mines que l'ex-souveraine possède en Espagne.

Il y a un an environ, paraissait un livre du général comte G. de Monts, gouverneur de Cassel, intitulé: *La captivité de Napoléon III en Allemagne (1)*. Ce livre de l'ancien « geôlier » de l'ex-empereur a été remarqué ; il contient des renseignements historiques qui paraissent sérieux et dignes de foi. Nous aurons l'occasion de le citer plus d'une fois, dans d'autres travaux.

Dans la dépêche envoyée à Cassel, par le quartier général du roi de Prusse, le 4 septembre 1870, on disait :

« Armée française a capitulé à Sedan. Château Wilhelmshœhe assigné comme résidence à l'empereur Napoléon... Roi recommande tous égards... »

En fait, la captivité de l'ancien souverain fut aussi adoucie que le permirent les circonstances.

A la page 15, on lit : « Sur l'ordre du chancelier, comte de Bismarck, un bureau postal et télégraphique fut installé au château même, et mis à la

(1) Souvenirs traduits de l'allemand par Paul Bruck Gilbert et Paul Lévy, préface de Jules Claretie, de l'Académie française. — Chez Pierre Lafitte et Cie, éditeurs à Paris.

disposition du prisonnier, même pour les télégrammes chiffrés.

Page 91 et s. : « Parmi les visiteurs reçus, avec le consentement de l'empereur, je relève notamment : le gouverneur du prince impérial, le comte Clary, qui arriva de Londres, dès le 11 septembre, comme premier émissaire de l'impératrice... Le général en retraite baron de Réville (qui) nous avait été annoncé par la légation de Prusse à Bruxelles... La duchesse de Hamilton...

« Une personnalité quelque peu différente, M. B.-H. Hellwitz, fut introduite auprès de moi par le président du gouvernement de Cologne, M. de Bermuth. Le président me demanda, le 8 septembre 1870, par lettre, de la part du chancelier, de ménager à M. Hellwitz une entrevue avec l'empereur. Napoléon reçut immédiatement le porteur de la lettre et eut avec lui un entretien qui dura plusieurs heures. Dans le courant de septembre et d'octobre, il le reçut encore plusieurs fois, sans formalité aucune.

Page 97 : « Après le départ de Hellwitz, l'empereur me fit demander un sauf-conduit pour le général Fleury, l'ancien ambassadeur de France à Saint-Pétersbourg, qui vivait alors en Suisse, son intention étant d'inviter le général à Wilhelmshœhe. Très peu de temps après l'envoi du sauf-conduit, l'ancien représentant de la France à la cour de Russie se présenta...

Page 99 : « Parmi les partisans de l'empire, qui rendirent visite à Napoléon prisonnier, se trouvait aussi M. Thélin, son ancien trésorier... Je crois qu'il apporta de l'argent à l'empereur... Pendant la captivité de l'empereur, ce trésorier éprouvé faisait la navette entre Wilhelmshœhe, la Suisse et la Belgique et en rapporta toujours, dit-on, de l'argent. Il voyageait sous le nom de Félix. »

Après avoir résumé l'affaire Régnier, d'après la version généralement admise, — que M. Gabriel Hanotaux appelle « un enfantillage, » — M. le gouverneur de Cassel écrit, p. 110 : « Je dois ajouter qu'en réalité, on n'a jamais publié une explication nette de l'attitude mystérieuse de Régnier »(1)

Page 112 : « Le général Boyer arriva aussi à Cassel pour présenter ses devoirs à l'empereur et vint me faire sa visite officielle. Il me fit l'impression d'un homme intelligent ou plutôt rusé, mais aussi très superficiel et dont le langage manquait parfois de tact... Parfois, il est vrai, j'avais l'impression que Napoléon restait à dessein muet sur ce point (2). »

(1) C'est notre opinion, que nous avons essayé d'exposer dans *Le revirement de Bazaine*, paru avant la publication des mémoires, dont nous donnons des extraits. E. P.

(2) L'observation, que nous avons présentée au sujet des ouvrages du docteur Busch et du secrétaire du roi — plus tard, empereur, — Guillaume, nous paraît s'appliquer aussi au cas présent. Fonctionnaire, tenu au secret professionnel, voulant néanmoins accomplir œuvre d'historien, M. le gouverneur de Cassel nous laisse le soin de deviner au-delà de ce qu'il déclare expressément.

Nous apprenons, en tout cas, par lui que le général Boyer, avant de s'acquitter de la mission qu'il avait reçue, le 12 octobre, du maréchal Bazaine (et dont nous pensons pouvoir donner bientôt une version nouvelle) vint prendre les ordres de l'empereur. Cela ne figurait pas dans ses instructions écrites.

On sait que Boyer a encouru les malédictions de la maréchale Bazaine et la colère du bon colonel Willette (Voir *Ma requête en révision*, par Alphonse Bazaine, pages 61-62. Fait O). E. P.

Page 113: «Un autre personnage,qui vint se présenter à moi, à Cassel, sous le nom de Polloni, m'avait été envoyé de Suisse par notre chargé d'affaires, avec une lettre pour moi. C'était l'ancien préfet de police de Paris, Piétri, un parent du secrétaire particulier de l'empereur... Il était visible que Napoléon avait attendu Piétri depuis longtemps. Il partit et revint souvent ; l'empereur l'avait probablement chargé de missions particulières...

Page 137 et s. : «Le 30 octobre 1870,qui était un dimanche... j'appris par le général Castelnau l'arrivée inopinée de l'impératrice Eugénie. Elle était arrivée à l'insu de tous,même de l'empereur;seuls, le comte Clary et une dame de la cour l'accompagnaient... Cette visite à Wilhelmshœhe eut, selon moi, des motifs politiques. On avait espéré qu'immédiatement après la capitulation de Metz, notre roi rendrait l'armée à l'empereur, pour restaurer l'ordre et le pouvoir impérial en France. L'impératrice elle-même me dit : « Vous voyez, si le roi de Prusse nous avait rendu l'armée française, nous aurions pu faire une paix honorable et remettre l'ordre en France. »

Page 183 : « Lorsque, le 10 décembre, je remis à l'empereur une lettre du comte de Bismarck, qui m'avait été envoyée avec une missive particulière, Napoléon ne cessa d'insister sur ce point qu'il n'avait pas un homme qualifié pour être envoyé à Versailles, afin d'engager des négociations de paix. Il en exprima également le regret dans deux lettres autographes adressées au roi et au chancelier.

Page 220 : « L'échange constant de notes entre

Versailles et Wilhelmshœhe s'accentuait, à mesure qu'approchait le moment inévitable de la capitulation ou de la prise de la capitale française. Il s'agissait de savoir si notre cabinet devait négocier avec Napoléon ou avec le gouvernement de la défense nationale, c'est-à-dire, avec les hommes qui se trouvaient momentanément au pouvoir. L'empereur continuait à chercher un représentant de ses intérêts, qu'il pût envoyer au quartier général... Son choix s'arrêta sur le comte Clary. Le 6 janvier (1871), celui-ci arriva, sur l'ordre de son empereur, de Chislehurst à Cassel, et partit, dès le surlendemain, pour Versailles. Je lui délivrai un passeport au nom de Bertrand...

« Le comte Clary ne réussit pas dans sa mission; il fut remplacé, le 18 janvier, par M. Clément Duvernois, ancien ministre, qui ne fut pas plus heureux, M. de Bismarck ayant préféré traiter avec Jules Favre. »

Le hasard d'un catalogue de livres d'occasion, mis en vente par un éditeur de Paris, nous a valu l'acquisition d'un ouvrage en deux volumes, dont la lecture a produit une impression profonde sur notre esprit. L'ouvrage est intitulé : « Souvenirs d'un impérialiste. *Journal de dix ans* (1). » Il est signé Fidus (2).

(1) Paris, F. Fetscherin et Chuit, éditeurs, 18, rue de l'ancienne comédie. — 1886.

(2) C'est par erreur que nous avons écrit, dans *Le Siècle* du 2 octobre 1908, que c'était là le pseudonyme de M. Augustin

Ces notes partent du 1er juin 1871, époque de l'écrasement de la commune de Paris, et vont à juin 1879, époque de la mort du prince impérial, au Zoulouland.

Sous la rubrique : *8 juin* (1871), on lit : « Depuis que je suis rentré à Paris, le 1er juin, je n'ai encore rencontré que peu de personnes de retour. J'ai seulement eu, aujourd'hui, à Versailles, un entretien avec M. Conti, l'ancien secrétaire de l'empereur, aujourd'hui député à l'Assemblée, et nous sommes tombés rapidement d'accord sur le mal qu'ont fait les concessions de l'Empire et la nécessité de prendre une voie absolument opposée, si l'on veut se rattacher les catholiques. M. Conti m'a affirmé que telles sont les instructions de l'empereur.

« L'empereur est même plus *clérical* que beaucoup de catholiques, m'a-t-il dit. Il y a quelques années, il voulait exiger le mariage religieux avant le mariage civil. »

Filon, ancien précepteur du prince impérial. Ce nom d'emprunt cacherait la personnalité de M. Loudun, sur le compte de qui on trouve, dans le dictionnaire de Larousse, les renseignements que voici :

Loudun (Eugène Balleyguier, dit), littérateur, né à Loudun (Vienne) en 1818. Il enseigne l'histoire à Chatellerault; il écrit au *Correspondant*, collabore à *l'Ere Nouvelle* de Lacordaire. Sous la seconde république, il devient secrétaire particulier de M. de Falloux. Le ministre de l'instruction publique le nomme sous-bibliothécaire à l'Arsenal ; plus tard, il fut nommé bibliothécaire. Il écrit à l'*Union*, journal légitimiste ; en 1856, il publie une étude sur l'œuvre de Napoléon III. En 1860, il fait paraître un livre sur les « Pères de l'Eglise. » En 1873-74, il lance un almanach de propagande bonapartiste, intitulé *L'Abeille*. Le gouvernement, estimant que ses fonctionnaires devaient s'abstenir de le combattre, le révoqua. M. Loudun, qui était un homme d'esprit, ne dut pas s'en étonner.

6 Août : « Réunion, chez moi, des principaux habitants du quartier, afin d'organiser la ligue pour la défense du quartier, dont j'ai eu l'idée. Beaucoup de gens ne dissimulent pas leurs sentiments bonapartistes. Plusieurs faits se sont produits en même temps, qui témoignent de l'énergie de ces sentiments. Hier, à l'audience de la Cour d'appel correctionnelle, un officier, interrogé comme témoin, a répondu : « Un tel, *major au service de l'empereur.* » Le tribunal n'a pas soufflé mot ; président, conseillers, avocat-général, tous, me dit l'avocat qui plaidait dans l'affaire —, sont impérialistes.

18 Août : « Le prince impérial, à l'occasion de sa fête, a écrit au pape et lui a dit que s'il régnait un jour, *il le rétablirait en son pouvoir (1).* Il demanda à l'empereur l'autorisation d'envoyer la lettre. L'empereur la lut attentivement, réfléchit un moment, puis dit : « Je n'y vois pas d'inconvénient. » Le pape, en réponse, a fait présent au prince impérial d'une mosaïque représentant la *Résurrection.*

23 Août : « On signe, au *Peuple français*, une adresse au prince impérial, pour sa fête du 25 août (Louis). J'ai su, à Marnes, de témoins oculaires, que beaucoup de soldats, licenciés et partant en congé, ont quitté Marnes, le 21, au matin, en criant : *Vive l'empereur*, en présence de leurs officiers. Les officiers ont été mis aux arrêts ? »

Nous ne reproduirons pas ce que M. Loudun rapporte de tentatives faites pour rapprocher les partisans du comte de Chambord et ceux du prince impérial (dans ce projet, Napoléon III aurait abdi-

(1) Souligné dans le texte.

qué, et l'impératrice aurait pris la régence). Ces pourparlers échouèrent, en tout cas. Citons simplement ce qui suit (page 32) : « *24 novembre (1871)*. — M. le comte de Chambord est toujours très convenable pour les impérialistes, et le mot qu'on lui attribue est confirmé ; en parlant du prince impérial : « Mon cœur est là ! », aurait-il dit. Ce mot aurait même été prononcé, il y a trois ans, et M. Conti m'affirme que le pape lui aurait conseillé, au besoin, de *transmettre ses droits au prince impérial* (1).

6 Janvier (1872) : « L'empereur souscrit pour dix mille francs en faveur des familles des gendarmes tués sous la Commune. On connaît les dispositions de l'armée ; le général....(2), à.... (3), est resté fidèle et l'on peut compter sur lui. L'empereur n'a jamais eu plus de confiance dans l'avenir. M. le prince Murat, qui arrive de Chislehurst et que j'ai vu chez M. Rouher, en a été frappé ; et lui (l'empereur), si réservé, qui hésitait et semblait incertain, il y a quelques mois, exprime aujourd'hui son opinion par ce mot : « Je sais que je suis la solution. »

Du 26 au 28 février : « Le gouvernement paraît décidé à agir vigoureusement ; il ne craint que l'empire. Il poursuit ses partisans par tous les moyens ; il a supprimé le *Gaulois* et l'*Avenir* ; le *Gaulois* a reparu le lendemain sous le titre de l'*Etoile* ; il a supprimé l'*Etoile*. Le *Gaulois* avait cinq titres déposés et autorisés et cinq cautionne-

(1) Souligné dans le texte.

(2) Le nom est en toutes lettres ; nous le laissons en blanc, car il faudrait une preuve pour mettre en cause la probité de cet officier-général, universellement estimé. E. P.

(3) Nous laissons en blanc le nom de la ville, siège du commandement de ce chef de corps d'armée. E. P.

ments, tout prêts. Après cette double suppression, il n'a pas osé risquer de s'en servir. La *Patrie* devait être aussi supprimée ; elle n'a échappé que grâce à l'intervention de M. de Soubeyran, qui y a un intérêt,près de M.Pouyer-Quertier, avec qui il est lié.

20 Mars : « Retour de Georges Seigneur,de Chislehurst,où il était allé chargé d'une mission. Il y a passé quatre jours et a eu, en plusieurs fois, cinq heures de conversation avec l'empereur, particulièrement sur les affaires religieuses. Il revient, très satisfait des sentiments et des intentions qu'on lui a manifestés. Ses entretiens ont porté sur le passé, le présent et l'avenir : il y a des choses que l'empereur l'a autorisé à répéter, d'autres qui ne doivent être dites qu'à certaines personnes.

«Pour le passé, l'empereur a avoué qu'il avait eu plusieurs mouvements de faiblesse et d'hésitation dans la question romaine et les affaires religieuses. Cela tenait à plusieurs causes : son ignorance sur certains points, particulièrement les *Articles organiques*, leur portée, leur signification absolue,leurs conséquences ; l'influence de plusieurs hommes qui l'entourent, Mgr Darboy, M. Emile Ollivier, etc. ; Mgr Darboy, dont le cardinal de Rouen m'avait parlé avec tristesse, en déplorant la fausseté de son jugement, avait été jusqu'à écrire à l'impératrice une lettre où il demandait que l'empereur prît des mesures coercitives contre le Concile...

« Quant au présent, l'empereur a déclaré, avec force, douleur et indignation, qu'il était étranger aux intrigues entre l'Italie et la Prusse, — où était mêlé le prince Napoléon,— qui auraient pour but de ramener le retour de l'empereur, à la condition de reconnaître les faits accomplis et d'abandonner la cause du pape ; que le prince Napoléon agissait, — non pas contrairement aux ordres de l'empereur, car il ne lui en donnait plus, — mais aussi à ses désirs et à ses intentions, et à ceux aussi de la princesse Clotilde, qui l'avait vainement prié de ne pas aller à Rome...

«Comprenant l'importance de faire connaître ses vrais sentiments au Saint-Père...., l'empereur a offert à M. G. Seigneur d'aller à Rome. M. G. Seigneur irait volontiers, mais accompagné d'un personnage qui occuperait une haute position dans l'Eglise, le cardinal de Bonnechose, par exemple : cela a été accepté. On expliquerait avec autorité le passé; on affirmerait les bons sentiments du présent et l'on donnerait les assurances les plus formelles pour l'avenir...

«Pour l'avenir,sur la demande très ferme de M.G. Seigneur, l'empereur a répété que ses intentions étaient depuis longtemps bien arrêtées : point de concession à la Révolution. Il reconnaît qu'il a été faible, mais il est religieux d'éducation et de principes ; il a l'intention d'agir selon le droit et la justice dans l'affaire du pouvoir temporel du pape ; il ne saurait, dès son retour, déclarer publiquement ce qu'il pense, ce serait la guerre immédiate avec l'Italie ; mais il attendra l'occasion ;et sa conduite sera conforme à ses sentiments, en profitant des circonstances :

« Quand je serai revenu, a-t-il dit,rappelez-le moi; la seule récompense que vous ayez demandée de votre fidélité est le rétablissement du pouvoir du pape ;je ne suis ni oublieux, ni ingrat ; je ferai honneur à mon engagement »

Il nous paraît oiseux de continuer ces citations. Le lecteur, qui aurait pu l'ignorer, est fixé sur le régime politique qui aurait prévalu en France, si Napoléon III ou, à sa mort, le jeune Napoléon IV, avec la régence de sa mère, étaient montés sur le trône, après la guerre de 1870.

Ce qui nous semble résulter des passages que nous venons de citer, ainsi que de ceux tirés d'autres ouvrages que nous avons reproduits dans nos précédents mémoires, c'est d'abord que, du lendemain du 4 septembre 1870 au 10 décembre 1873, jour de la condamnation du maréchal (pour nous arrêter à cette date, mais la constatation pourrait bien s'étendre à la période qui se termine à juin 1879, époque de la mort du prince impérial), le parti bonapartiste n'a pas cessé d'intriguer en vue d'une restauration *immédiate ;* c'est ensuite que, malgré les apparences, si contraires souvent à la réalité, il s'en est fallu peut-être de peu de chose que ce plan audacieux, — nous ne voulons pas employer d'autre épithète, — ne fût couronné de succès. « On ne craint que l'empire », écrit l'homme renseigné qu'était M. Loudun. Et quel *Empire !...* L'avènement de Napoléon IV eut fait refluer la liberté française bien au-delà de 1788, veille de la révolution. On aurait vu s'organiser un pouvoir qui se serait inspiré des doctrines absolutistes d'un Louis XIV, que dis-je ?, d'un Philippe II d'Espagne. Aussi, les républicains ne sauraient-ils témoigner trop de reconnaissance envers la mémoire des fondateurs de notre IIIme République, de ces hommes de tête, de cœur, de résolution froide, de clairvoyance géniale, à qui nous sommes redevables du régime, à la fois souple et bienfaisant, dont nous jouissons, régime qui est compatible avec tous les progrès et qui commande toutes les grandeurs.

Ceci posé, réfléchissons qu'en 1872-1873, le maréchal Bazaine est traduit devant le *Conseil d'enquête sur les capitulations*, devant le magistrat Séré de Rivières, chargé de l'instruction, devant le conseil de guerre de Trianon, enfin. Pendant qu'il est consigné dans la maison célèbre de l'avenue de Picardie à Versailles, un évènement considérable se prépare et va se produire. Napoléon III médite de rentrer en France et — tel, son oncle, retour de l'île d'Elbe, — de rallier à sa cause des officiers-généraux, sur la fidélité desquels il compte, à tort ou à raison (1). Pour faire figure dans son triste rôle, comme si ce n'était pas assez d'avoir commis l'attentat du Deux décembre, qui s'est prolongé pendant huit années !, il veut paraître à cheval ; et comme l'aggravation de sa maladie de la pierre lui interdit l'équitation, il se confie aux soins des chirurgiens anglais, le 9 janvier 1873... *Il meurt, pendant l'opération de la lithotritie*.

L'ex-souverain mort, son fils devient prétendant. Ce jeune homme paraît avoir été bien doué; il était d'autant plus redoutable pour les partis libéraux.

(1) On a pu lire dans l'*Indépendance belge* (article reproduit par le *Petit Méridional* du 8 novembre 1911), sous la plume de M. Robinet de Cléry, ancien avocat-général à la Cour de Cassation française, une étude sur « le 16 mai, » dont nous détachons le passage ci-après :

« J'ai eu l'occasion de recevoir des confidences du maréchal de Mac-Mahon. C'était le 26 septembre 1873, en pleine crise sur la question du drapeau (blanc, que voulait rétablir le comte de Chambord, s'il montait sur le trône).

« Il y a, me dit-il, dans l'armée une très forte discipline ; mais elle n'est pas légitimiste. *Les officiers supérieurs sont bonapartistes* .. »

Qu'est-ce qui pouvait ruiner d'un coup les espérance du parti impérialiste, en 1872 ou en 1873 ? C'était assurément que l'accusé Bazaine fît le procès de l'administration militaire impériale, avant la guerre et pendant la guerre.

N'est-il pas, dès lors, permis de supposer que quelqu'un d'autorisé (qui ? Nous n'en savons rien, évidemment) ait adjuré ou fait adjurer le maréchal de se taire sur les fautes commises par l'Empire et l'Empereur ?...

Dans *Le cas de Bazaine* (p. 31), nous avons publié des fragments de lettres inédites de l'ex-maréchal, dont nous avons longtemps possédé les originaux. L'un de ces fragments portait ce qui suit:

« Madrid, 10 mai 1876.

... Croiriez-vous que l'impératrice n'a jamais fait demander de nos nouvelles ! Et que sa mère, la comtesse de Montijo, que nous visitons de temps à autre, ne nous parle jamais d'elle, comme si nous lui étions inconnus !

Quant au prince, il m'a écrit dernièrement, par l'intermédiaire du secrétaire Piétri, une lettre assez banale, en réponse à mes félicitations sur son jour de naissance; mais voilà tout.

Et cette famille paraît être aussi indifférente à mon sort, à mes moyens d'existence, que si je n'avais pas *sacrifié ma situation, celle de mes enfants, à leurs intérêts dynastiques...* »

Dans *Le revirement de Bazaine*, page 60, relatant une conversation que nous avions eue, au sujet des « Instructions du général Boyer, » avec la dame qui est l'initiatrice de notre campagne en faveur de la mémoire de Bazaine, nous citions le propos ci-après qui nous fut tenu :

« Mon père a déclaré un jour, devant moi, qu'étant à Farnborough, en visite chez l'impératrice, longtemps après la guerre, Sa Majesté lui avait révélé un secret, qu'il avait juré de garder. Mon père a malheureusement tenu sa promesse. »

Et nous ajoutions :

« Comme nous avons une vénération véritable pour la mémoire de cet ancien officier de l'armée du Rhin : comme nous avons l'estime la plus complète pour sa digne fille et la confiance la plus absolue dans la maturité de son jugement, nous avons néanmoins poursuivi nos études. »

Dans quelle circonstance Bazaine a-t-il sacrifié sa situation, celle de ses enfants, aux intérêts dynastiques des Napoléons ? Quel est le secret que l'impératrice Eugénie a confié à son *loyal* (officier) ?

Tant que des personnes qualifiées n'auront pas répondu à ces deux questions, — ne l'auront pas fait d'une manière qui concorde avec ce que nous savons et que nous ne pouvons pas dire, — nous les poserons inlassablement.

III

L'idée nous est donc venue que le maréchal, après avoir itérativement demandé des juges, s'apprêtait à se défendre, lorsqu'il fut supplié de s'en abstenir, pour permettre la restauration de l'Empire, avec promesse que toute cette procédure serait jetée au vent, dès le coup d'État perpétré, et peut-être qu'un dédommagement moral serait accordé à la victime volontaire. S'il en est ainsi, l'empereur a emporté son secret dans la tombe, l'ex-impératrice garde le sien jalousement. Il y aurait bien à dire sur la qualité de la reconnaissance des rois... Mais le lecteur pensera que les hautes personnalités impérialistes, qui gravitaient autour des anciens souverains, ont dû être tenues au courant de ces négociations secrètes ; et il s'étonnerait à bon droit qu'aucune trace n'en fût restée dans leurs écrits. Cette trace existe.

Dans l'ouvrage : *Episodes de la guerre de 1870 et le blocus de Metz*, par l'ex-maréchal Bazaine (1); aux pages 291 et suivantes, on trouve les documents que voici :

« Paris, le 11 décembre 1873 (2).

Maréchal,

Votre courage est au-dessus des violences humaines; je n'ai point à essayer auprès de vous d'inutiles consolations. Des passions politiques implacables, des haines voilées, cette basse envie qui croit se grandir en cherchant à abaisser ce qui est au-dessus d'elle, ont égaré des convictions et entraîné la plus déplorable des sentences, non pas seulement contre vous, mais au préjudice de l'honneur et de la dignité de l'armée française, au détriment des intérêts de la patrie.

(1) Madrid, Gaspar, éditeur, 4, Principe. *1883.*

(2) La veille, le maréchal Bazaine avait été condamné à la peine de mort, par le conseil de guerre de Trianon. E. P.

Mais il ne dépend pas de quelques hommes de faire de vous un coupable et la conscience publique indignée ne permettra pas qu'on en fasse un martyr. La vérité et la justice ne laisseront pas à la postérité le soin de détruire l'œuvre d'iniquité qui vient de s'accomplir,

La réparation sera prochaine (1).

Pour moi, au moment où ses ennemis outragent la victime, je m'honore de son amitié ; je sens mon affection s'élever à la hauteur de son infortune et je prie Dieu de la protéger.

(Signé) ROUHER. »

« Paris, le 12 décembre 1873.

Mon cher Maréchal,

J'ai réprouvé le procès ; je n'ai pu croire à la condamnation ; je ne comprends pas la commutation. Bientôt la conscience publique devancera l'histoire.

Je vous ai déjà fait dire mes sentiments ; mais je tiens à vous dire moi-même que j'avais dans la prospérité, — et vous conserve dans le malheur, — la plus haute estime et la plus réelle affection.

Votre bien dévoué,

(Signé) SCHNEIDER. »

« Paris, le 12 décembre 1873.

Monsieur le Maréchal,

Il m'est impossible de vous exprimer mes sentiments comme je les éprouve. L'horrible injustice qui vous frappe, la persécution dont vous êtes la

(1) C'est nous qui soulignons. E. P.

victime, ajoutent la gloire du martyr à celle dont on n'a pu vous dépouiller. Ne perdez pas confiance; vous ne tombez pas ; on s'abaisse autour de vous. *La fidélité dans la captivité (1)* est plus grande, beaucoup plus grande que le parjure ou la défaillance entourée de faux honneurs. La justice de Dieu vient aussi dans ce monde *et souvent plus vite qu'on ne le croit* (2) ; l'avenir est à lui. M. le Maréchal, veuillez me compter au nombre de ceux qui vous honorent et qui restent fidèles à leur amitié. Je voudrais pouvoir vous en donner des preuves plus marquantes. Votre affectionné.

(Signé) DUC DE GRAMONT. »

« Paris, 12 décembre 1873.

Monsieur le Maréchal,

Permettez-moi de vous exprimer ma profonde sympathie. Plusieurs de ceux qui portent mon nom, Monsieur le maréchal, ont reçu de vous des preuves de bienveillance que nous n'aurions jamais oubliées et qui maintenant resteront toujours gravées dans notre cœur. Vous avez donné à la France, à l'armée, à vos juges, le plus noble exemple de courage et d'*abnégation (3)*. Un jour viendra *bientôt* (4), où vos ennemis seront confondus. Veuillez agréer, ainsi que Madame la maréchale, l'hommage de mon inaltérable dévouement.

(Signé) BARON DE BOURGOING. »

(1) C'est nous soulignons. E. P.
(2) Même observation que dessus. E. P.
(3) Même observation. E. P.
(4) Même observation. E. P.

« Paris, 19 décembre 1873.

Monsieur le Maréchal,

Je n'avais pas le droit de disputer à vos anciens amis les consolations des premiers jours. Je désirais d'ailleurs laisser le calme se faire dans mon esprit, avant de m'incliner avec respect devant une grande infortune imméritée. A la hauteur où vous placent vos services et vos malheurs, vous êtes de ceux qui ont le droit de faire appel au jugement de la postérité...

(Signé) DE FORCADE (1). »

Le surlendemain de la condamnation de Bazaine, l'ex-impératrice Eugénie, — sous sa signature conventionnelle, — télégraphiait ce qui suit :

« Chislehurst, n° 8576. 12-12. 11 minutes.

Monsieur Rouher, 4, rue de l'Elysée, Paris.
Je suis émue de la sentence. Faites savoir au maréchal Bazaine que je voudrais adoucir ces cruels moments. Accusez réception.

(Signé) COMTESSE DE PIERREFONDS. »

L'ex-empereur Napoléon III était mort, depuis près d'un an, lorsque Bazaine fut condamné. Il n'est pas inutile de reproduire la lettre qu'il avait écrite au maréchal Bazaine, pendant que l'affaire de Metz était à l'instruction :

(1) M. de Forcade avait été plusieurs fois ministre, sous le second Empire.

« Cowes, le 17 août 1872.

Mon cher Maréchal,

J'ai été bien sensible à votre bon souvenir pour le 15 août et je viens vous en remercier.

Nous pensons souvent à vous et nous ne comprenons pas sur quoi peut porter l'accusation dont vous êtes l'objet. J'espère que vos tribulations *auront bientôt un terme*. Ce procès prouvera que vous avez fait tout ce qu'il était en votre pouvoir de faire. Rappelez-moi au souvenir de la maréchale et croyez à ma sincère amitié.

(Signé) Napoléon. »

Ces lettres, nous les connaissions depuis longtemps, puisque les deux ouvrages du Maréchal, *l'Armée du Rhin* et *Episodes*, nous avaient été remis, en 1903, par la personne qui est l'instigatrice de nos modestes travaux (1). Elles ne nous avaient pas autrement frappé. Nous y voyions des témoignages de sympathie, encore que le ton véhément de certains passages à l'égard de la justice nous eût étonné, de la part d'hommes d'autorité. C'est, nous le répétons, la communication récente d'une lettre de février 1874 qui nous a ouvert les yeux sur le sens secret de ces lettres et a rendu lumineux, flamboyants pour nous, les passages que nous avons mis en italiques et dont la tonalité, grisâtre jusque-là, ne s'était pas détachée sur l'ensemble du document.

(1) Voir *Le revirement de Bazaine*, p. 70, note. J'ai lieu de croire que les originaux de ces lettres se trouvent dans les papiers de la famille Bazaine.

« Vos tribulations auront bientôt un terme, » écrit Napoléon III. « Le jour (de la réparation) viendra bientôt, » écrit M. de Bourgoing. — « La justice vient souvent plus vite que ce que l'on croit », écrit M. de Gramont. — « La réparation sera prochaine », proclame M. Rouher, l'ancien vice-empereur.

Quand nous aurons ajouté que la lettre de février 1874 accentue cette note et annonce presque l'heure de la délivrance (Bazaine était enfermé au fort de l'île Sainte-Marguerite) par le prince impérial couronné, nous aurons fourni à nos fidèles lecteurs l'explication, que nous leurs devions, de notre tardive pénétration et accru sans doute leurs regrets de ne pas connaître cette lettre décisive, qui éclaire, pour nous, ce point d'histoire.

***

Nous abandonnons donc notre thèse primitive, à savoir que si Bazaine ne s'était pas défendu, c'est qu'il voulait ménager des généraux qui auraient pu encore être utiles à la patrie et à la défense de la société. Cette version, nous l'avions empruntée à M. le comte d'Hérisson, qui, dans la *Légende de Metz*, p. 236, avait écrit : « Le maréchal Bazaine n'avait jamais eu grand espoir de voir sa justification sortir de son procès..; (il ne voulut pas) déconsidérer une bonne partie de ses chefs (de l'armée du Rhin), qui, dans les conditions inquiétantes où se trouvait la France, jouissaient de l'estime de l'armée et représentaient une force précieuse, la seule qui fût encore debout. »

Sur les questions militaires, les livres de d'Hérisson nous semblent posséder une valeur documentaire de premier ordre. Sur le reste, nous l'avons dit ailleurs et le répétons : il faut trouver autre chose.

Un brillant officier de notre armée,—dont le père, officier dans l'armée du Rhin, et mort général, était allé, le lendemain de la condamnation du maréchal, trouver le ministre de la guerre pour lui exprimer la tristesse profonde que lui causait l'erreur judiciaire commise la veille, — nous a fait l'honneur de nous écrire que cette explication du mutisme de Bazaine ne lui paraissait pas soutenable et que pourtant *son père affirmait,* lui aussi, que *le maréchal « ne s'était pas défendu.* » Je suis aise de me rallier à cet avis judicieux, en exprimant l'espoir qu'après avoir pris sa retraite, cet officier nous communique certains documents qu'il nous a promis, et nous autorise à les publier, avec le nom de son vaillant père.

L'obéissance passive envers ses anciens souverains, l'exécution d'une consigne, à laquelle l'ancien engagé de 1831, l'ancien caporal de 1832, n'a pas eu la force de se soustraire, la passion impérialiste venant rendre plus faciles cette obéissance et l'exécution de cette consigne, — ces causes sont-elles suffisantes pour expliquer que, même provisoirement, pour un an, un mois, une heure, le glorieux Bazaine, comme disait Jules Favre, dont la carrière militaire fut si belle, jusqu'à sa dernière étape, où le malheur s'est abattu sur lui, — ait laissé ternir son nom ? Nous ne saurions formuler une opinion ferme là-dessus. On s'étonne qu'au moment d'accepter cette humiliation sans précédent, qu'on imposait à son loyalisme et qui recule les limites de la « servitude militaire » jusqu'à un point que n'avait pu imaginer Alfred de Vigny, — le maréchal n'ait pas senti lui monter aux lèvres cette apostrophe de Labédoyère à ses juges :

« On attaque mon honneur, en même temps que l'on me demande ma vie. Cet honneur n'appartient pas qu'à moi seul. Une femme, un fils ont droit de m'en demander compte. Je veux qu'ils puissent dire que, malgré le coup qui va m'atteindre, l'honneur est intact. » (1)

A côté des suggestions de Napoléon III, de l'ex-impératrice, de leurs conseillers politiques, faisant appel au dévouement du bon serviteur, à son abnégation, allant jusqu'à lui demander l'anéantissement de sa personnalité,— *sicut cadaver*,— ne faut-il pas placer un intérêt supérieur (à ses yeux), qui s'est offert à la pensée de Bazaine et dont la sauvegarde fut la raison déterminante de la décision qu'il a prise de ne pas se défendre, — c'est-à-dire, de ne pas exposer ce qui seul pouvait amener son acquittement ?

On lit dans le *Gaulois* du 17 juillet 1905 :

« Le 24 juillet 1873, le général du Barail, ministre de la guerre, rendait l'ordonnance de mise en jugement contre le maréchal Bazaine, sous trois chefs d'accusation entraînant la peine capitale : les débats s'ouvrirent le 6 octobre et durèrent, comme on sait, jusqu'au 10 décembre, à neuf heures du soir, où M. le duc d'Aumale, président du premier conseil de guerre permanent de la 1re division militaire, prononça la sentence de mort.

(1) *Revue de Paris*, 1853, tome III, p. 775.

Dès la mi-septembre, un prêtre du diocèse de Versailles s'était mis spontanément à la disposition du maréchal et lui avait écrit, pour lui offrir ses services religieux.

Le maréchal lui avait répondu :

« Versailles, 18 septembre.

Monsieur le curé,

J'accepte votre offre de tout cœur et vous suis très reconnaissant de votre initiative à cet égard. Je vais faire faire les démarches nécessaires : et j'ai lieu d'espérer qu'aucun obstacle ne sera apporté à la réalisation de ce projet.

J'aurai l'honneur de vous tenir au courant de ma démarche.

Agréez, Monsieur le curé, la sincère expression de mes sentiments distingués et dévoués.

Maréchal BAZAINE. »

Le prêtre fut admis près du prisonnier. Tout de suite, entre eux, les relations s'établirent, cordiales, affectueuses. La confiance fut entière. Le maréchal, au cours de ses commandements, avait formé une liaison amicale avec Monseigneur de Verdun. Le prêtre fut chargé de diverses communications pour l'évêque ; et c'est ainsi qu'il recevait, peu de jours avant le prononcé de la condamnation, cette lettre du maréchal, qui par malheur n'est point datée :

« Mon cher et bon curé,

Je vous adresse la lettre pour Mgr de Verdun et vous remercie de l'occasion que vous m'offrez d'écrire à Sa Grandeur.

Mgr de Versailles a eu la bonté de venir me voir hier. Vous pensez si j'ai été heureux de sa visite.

Croyez à mon amitié et à mon entier dévouement.

Maréchal BAZAINE. »

L'arrêt prévu fut prononcé. Le maréchal, on le voit, s'était mis en mesure de le subir.

Ce que pensait de cet arrêt l'évêque de Verdun, le voici :

« Verdun, le 12 décembre 1873.

Cher monsieur le curé et excellent ami,

Cette lettre était préparée avant l'ouverture de la vôtre. J'avais besoin d'épancher ma douleur à l'effroyable nouvelle de la condamnation. Avec le maréchal, je proteste contre une condamnation que désavouera l'histoire impartiale. Depuis vingt-quatre heures, je partage toutes les angoisses, tous les déchirements de la famille et des amis de l'illustre et *innocent* (1) condamné. Avec lui, je pardonne à ses juges; mais je les plains de n'avoir pas su s'élever au-dessus des entraînements passionnés de l'opinion, car leur responsabilité me paraît plus difficile à porter que celle de la victime.

Merci, cher ami, de toute la tendresse, de toute l'estime, de tout le dévouement que vous lui témoignez. Je m'unis à tous vos sentiments; je vous supplie de le dire à l'infortuné maréchal, pour lequel je ne cesse de prier, afin qu'il reste toujours le soldat chrétien et confiant dans la justice, qui ne défaille pas comme celle des hommes et qui dédommage au centuple des biens que la mort nous ravit.

Tout à vous de cœur et à notre cher condamné.

† AUGUSTIN
évêque de Verdun »

1) C'est moi qui me permets de souligner ce mot si grave.
E. P.

Cette lettre était écrite avant que Monseigneur de Verdun connût la commutation de peine, notifiée le même jour, 12 décembre.

Cette grâce de la vie qu'on fit au maréchal, on apprendra quelque jour à quelle date et par quelles personnes elle fut sollicitée.

Ce n'est point là mon objet ; mais au moment où des doutes se font jour sur la légalité de la condamnation qui a frappé le maréchal Bazaine, où de consciencieux mémoires présentent au public les faits de la cause, les accidents de la procédure et les irrégularités du jugement, je ne crois pas pouvoir garder,pour moi seul,la connaissance des pièces originales qui m'ont été remises par le vénérable prêtre auquel elles furent adressées, et je les verse au débat.

FRÉDÉRIC MASSON,
de l'Académie française. »

Quoiqu'on en ait dit, ce ne sont pas là des documents quelconques, des papiers sans importance, des lettres banales. Si l'éminent historien, le rigide écrivain qu'est M. Frédéric Masson, les a versés aux débats, c'est qu'il leur attribuait une portée sérieuse. M. Frédéric Masson a rempli le mandat de conscience qu'il avait accepté : le sentiment du devoir accompli constitue sa récompense. Qu'il nous permette toutefois de le remercier respectueusement. Il a rencontré, auprès de M. le directeur du grand organe conservateur qu'est le *Gaulois*, un accueil bienveillant, lorsqu'il lui a apporté ces notes d'histoire *irritante*, pour employer une épithète du palais. M. Arthur Meyer, en insérant ces lignes, en 1905, a fait preuve de courage et d'humanité.

Lorsqu'on appesantit sa pensée sur ces pièces, on est incliné, croyons-nous, à leur conférer une signification profonde. Regardons en face la réalité. Le digne curé du diocèse de Versailles, — dont nous regrettons de ne pas connaître le nom si honorable, — avait pour pénitent M. le Maréchal Bazaine. Celui-ci lui a probablement révélé ce qu'il n'a pas voulu dire à ses juges et au public, — à ce public impressionnable, qu'un rien aurait poussé d'un extrême à l'autre, et qui n'attendait peut-être qu'un mot, qu'un geste pour acclamer son idole de la veille et passer sa colère patriotique sur les souverains déchus.

Ce mot, ce geste, ne sont pas venus. Il semble que les avertissements d'amis véritables n'aient pas manqué à l'accusé. On connaîtra, je pense, un jour le langage que Thiers lui a tenu à cette occasion. Le comte d'Hérisson indique, à la page 237 de son livre : « La Légende de Metz », qu'on lui fit dire, à deux reprises, dans sa prison, qu'...il n'avait qu'à charger l'empereur et à répondre à toutes les questions qui lui seraient posées : *C'était par ordre de l'empereur*.

Et M. d'Hérisson ajoute : « Ces avis officieux étaient-ils sincères ? Sincères ou non, le maréchal ne voulut pas s'y rendre. »

Mon humble avis est qu'ils étaient absolument sincères. Les hommes sans passion devaient bien se rendre compte que l'accusé se perdait volontairement ; et la raison du recours en grâce de ses juges est là, croyons-nous.

Le confesseur de Bazaine, pris entre ses serments canoniques et le cri de sa conscience, a trouvé le moyen ingénieux, spirituel et délicat, de tout concilier. Sans aller jusqu'à croire qu'il ait été de connivence avec M. l'évêque de Verdun pour combiner un pieux stratagème, et qu'il ait sollicité. du prélat, la rédaction de cette lettre qui renferme le mot que, lui, confesseur, ne pouvait pas prononcer : *innocent*, — on doit le féliciter, (puisqu'il estimait que le maréchal n'était pas coupable), d'avoir mis de côté la missive précieuse et de l'avoir léguée à un probe exécuteur testamentaire.

Prenons maintenant la lettre de M. de Verdun en elle-même. Ses termes ne sont-ils pas de nature à suggérer certaine hypothèse ? Supposons que ce prélat ait cru que la culpabilité de l'accusé fût discutable ; il aurait simplement exprimé ses doutes et ses espérances dans les réparations de l'avenir, en écrivant à la famille une lettre de condoléances. Mais il y a des mots, des phrases qu'il n'aurait pas tracés. Tandis qu'au contraire, au lendemain du verdict, il proclama nettement sa conviction absolue dans l'innocence du condamné.

Pourtant, les questions qui avaient été débattues à Trianon étaient complexes ; et leurs solutions, dans un sens ou dans l'autre, pour certaines d'entr'elles, ne s'imposaient pas avec la rigueur d'un axiome : des maîtres en stratégie, MM. Bonnal, Grouard, Rousset, d'autres encore, ne se prononcent pas identiquement sur certains points essentiels. Comment un prêtre aurait-il pu juger de ces choses avec tant d'assurance et les trancher *ex cathedra*, s'il n'avait pas connu certains dessous que nous ignorons : notamment, la raison pour laquelle Bazaine ne s'était pas défendu ?...

L'entrée en scène d'un évêque n'apporte-t-il pas un élément nouveau dans la discussion ? Tout-àl'heure, appréciant les lettres des chefs bonapartistes, nous demandions : ne semble-t-il pas que Bazaine se soit tû, pour frayer la route à une restauration impériale ? — Maintenant, ne serions-nous pas fondé à demander : ne semble-t-il pas qu'il ait momentanément tout sacrifié, pour le triomphe de l'Église ?...

Le régime, dont l'aube blanchissait, était celui de la pensée libre, de la Séparation de l'État et des Églises, de la reprise de l'œuvre d'affranchissement inaugurée par le 14 juillet 1789, et que des réactions successives avaient enrayée. Le Maréchal était-il assez bon catholique pour que la crainte de voir appliquer le programme gambettiste de 1869, qui était la charte du parti républicain, lui fît accepter les pires humiliations, — temporairement, espérait-il ? Nous ne saurions nous prononcer catégoriquement là-dessus.

Notre ami, M. Alphonse Bazaine, nous a envoyé, il y a quelques années, un mince paquet de lettres que son père lui avait écrites, lorsqu'il était petit garçon. Ces lettres, dont nous avons montré l'original à M. F.-J. Mouthon, rédacteur du *Journal*, quand ce publiciste nous honora d'une visite en 1907, nous paraissaient n'avoir de valeur qu'au point de vue du sentiment ; nous les avions donc négligées jusqu'à aujourd'hui, parce que c'est, avant tout, à l'intelligence, à la raison, au bon sens du lecteur que nous faisons appel. Mais comme elles rentrent dans le cadre du présent travail, nous allons en reproduire quelques fragments. Elles nous font connaître la mentalité religieuse de l'ex-maréchal. Bazaine les adressa à son jeune fils, d'Espagne, où il s'était réfugié, après son évasion du fort de l'île Sainte-Marguerite. Son fils habitait à Paris, chez son oncle, l'ingénieur en chef des Ponts et Chaussées, Dominique Bazaine. Nous avons indiqué ailleurs tout le bien que l'on doit penser de l'homme vraiment supérieur que fut le frère du Maréchal. Voici ces lettres :

« Madrid, 10 juillet 1882.

Très cher enfant, tes notes m'ont fait un sensible plaisir et je t'embrasse sur les deux joues. Tu dois ces résultats à ta bonne volonté, à ta persévérance dans le travail, aux conseils de ton oncle, qui me remplace avec tant de tendresse et de dévouement. Tu lui dois toute ton affection, toute ton obéissance filiale .. Mon cœur se gonfle, mes yeux se remplissent de larmes, au souvenir de ta première enfance, qui se passait à l'île Sainte-Marguerite ! Volière politique, pleine de parfums et d'oiseaux.

Mon frère, tel que le définit notre sublime Religion, m'a remplacé dans mes devoirs de père, vis-à-vis de toi ; et je ne saurais trop te redire que tu dois le chérir de tout ton jeune cœur.

J'aurais été heureux de te voir, mais il eût été imprudent pour ta santé de te faire faire ce long voyage, pendant les chaleurs que nous avons ici.

Dolorès (1) a fait un bon voyage ; et ta chère gouvernante ne peut retenir ses larmes, quand elle parle de « son fils », car c'est ainsi qu'elle te nomme. Tu lui dois de l'affection, de la reconnaissance pour les soins maternels qu'elle t'a prodi-

(1) Servante indienne que la maréchale avait emmenée du Mexique.

gués pendant 13 ans, et je suis sûr que ton cœur ne l'oubliera pas.

Ton frère (1) et ta sœur (2) vont bien. Je te presse sur mon cœur.

Maréchal Bazaine. »

« *Madrid, 16 mai 83.*

Cher enfant bien aimé,

C'est un gros chagrin, pour nous tous, que de ne pas être à tes côtés, le grand jour de ta première communion. En priant pour toi, à une messe dite le jour de la célébration de ce premier acte de ta vie chrétienne, nous serons avec toi par la pensée; et j'appellerai sur toi la bénédiction de Dieu. Heureusement que, dans sa miséricorde, il t'a donné d'excellents parents, qui nous remplacent auprès de toi... Ta grand'mère (3) est toujours sérieusement malade. Ta mère, ton frère, ta sœur se joignent à moi pour t'assurer de notre affection et nous t'embrassons de tout cœur.

Salue, de ma part, ton supérieur et remercie-le en mon nom de t'avoir préparé pour ta première communion.

(1) Le fils aîné, François-Achille, portant les prénoms de son père, appelé Achille, comme lui, dans la famille, était aussi dénommé par les siens *Paco*, mot espagnol, qui signifie François. Il est mort au service de l'Espagne, dans la guerre de Cuba. Il avait auprès de lui son frère Alphonse, — l'auteur de la requête en révision, — qui faillit mourir du *vomito*. E. P.

(2) Mademoiselle Eugénie Bazaine, filleule de Napoléon III et de l'impératrice Eugénie. E. P.

(3) Madame de la Penâ, mère de la jeune maréchale, qui les aidait de ses ressources. E. P.

Madrid, 28 Novembre (1).

J'ai reçu avec bonheur ta gentille et affectueuse lettre ; et tu m'as fait grand plaisir en me l'écrivant ; ce que tu feras souvent, j'espère, à présent que tu peux composer ta lettre seul. C'est un grand progrès et je t'en félicite. Ton frère n'est plus à l'Escorial (2), mais chez l'abbé Marin, digne prêtre français, qui se charge de le faire travailler pour ses examens. Ta sœur Eugénie est toujours à son couvent des Augustines, où elle travaille très bien.

Tu grandis, mon bien cher enfant ; et, dans quelques années, tu seras un homme. Mets tes jeunes années à profit pour t'instruire ; et, dès à présent, fais ton examen de tes dispositions pour telle ou telle carrière, celle qui se rapprochera le mieux de tes goûts, de ton caractère. Consulte tes maîtres à cet égard et montre-leur toujours la plus grande déférence. Je t'embrasse bien tendrement et pense souvent à toi, mon cher enfant.

Madrid, 16 août 86.

Bien cher enfant,

Tu m'as rendu bien heureux, en m'annonçant tes succès et je t'en félicite. Que ne puis-je te voir ! Je t'aurais embrassé et couronné. Quel bonheur pour un père !

Paco *est en ce moment en garnison à San Ildofonso (la Grange), pour la garde de la reine-*

(1) Ne porte pas de millésime.

(2) Nous signalons aux linguistes cette orthographe ; on écrit généralement : Escurial.

régente et du petit roi (1). *On est content de lui; il est caporal de 1re classe et sera probablement sergent au mois d'octobre ; c'est un beau militaire, très sympathique à tout le monde.*

Il fait ici une très forte chaleur, qui me fatigue beaucoup ; aussi, ma santé n'est-elle pas très bonne. Embrasse bien tendrement ton excellent oncle pour moi, ainsi que ta tante et tes cousins. Dis-leur que je les aime beaucoup.

J'entre dans mon trimestre de souvenirs noirs, *août, septembre, octobre 70. Je n'en dors pas.*

Je t'embrasse de tout mon cœur.

(Signé) *Maréchal Bazaine.* »

Le lecteur appréciera. Bazaine a survécu quinze ans à son honneur ; et ce fut le châtiment terrible de sa faiblesse coupable. Cet honneur ne lui appartenait pas exclusivement : il appartenait aussi à la France, qui ne veut plus lire les pages glorieuses que ce grand soldat a écrites dans ses fastes militaires ; il appartenait aux siens, qu'il a condamnés à une existence douloureuse.

Voilà notre thèse, qui n'est qu'une hypothèse. Nous la soumettons aux hommes qui furent bien placés pour connaître les éléments de ce problème non encore élucidé : par exemple, à M. Émile Ollivier, l'historien de l'*Empire Libéral*, membre de l'Académie française.

Nimes, le 30 janvier 1912.

(1) La reine Isabelle et Alphonse XII, père du roi actuel. La reine Isabelle et le futur roi, son fils, avaient tenu le jeune Alphonse Bazaine sur les fonts baptismaux. Cela explique peut-être pourquoi S. M. le roi Alphonse XIII tutoie le fils de Bazaine, dont il apprécie la bravoure et le dévouement. E. P.

Nimes. — Imprimerie Générale, rue de la Madeleine, 21.